NORRÆN GOÐAFRÆÐI

自分を信じる

超訳
「北欧神話」の言葉

編訳
杉原梨江子

幻冬舎

自分を信じる

超訳「北欧神話」の言葉

はじめに

「絶対的に、自分を信じる」

「決して、あきらめない」

「運命は、自分で切り拓く」

北欧神話を貫く、自力の精神である。

他人の思惑に左右されることなく、自分の頭で考え、行動することがよりよい人生を導く。神々の言葉は時に辛辣《しんらつ》で厳しい。自分の愚かさ、弱さを突きつけられるかもしれない。しかしそれは、ゆるぎないあなた自身をつくるための叱咤《しった》激励《げきれい》なのだ。

ひとり迷うとき、辛く苦しいとき、孤独を感じるとき、ページをめくってみてほしい。

何が起ころうと、自分を信じ続ける。今のあなたに必要な言葉がきっと見つかるはずだ。

目次

自分について
SJÁLFUR

会話について
SAMRÆÐA

勇気について

HUGREKKI

友情について
VINÁTTA

憎しみについて HATUR

賢さについて VISKA

富について
AUÐUR

宴会について
KVÖLDVERÐARBOÐ

愛について LAST

運命について
ÖRLÖG

SJÁLFUR

自分について

001

絶対的に自分を信じる

何か決めなければならないときは、自分に忠実になることです。自分の目で見て、耳で聴き、心で見極めたことこそが、あなたを正しい道へと導きます。己の直感に従いなさい。

どんなに小さなことでも、自分が信じたとおりに歩き始めたとき、人生はきっと、大きく前進していきます。

「人の称賛と好意とを得る者は幸せだ。
他人の知恵は頼りにならない」
高き者の言葉8

002

自ら選択し、行動する

やるか、やらないか。決断を迫られたとき、人間の器が試されます。

選択してください。たとえ危険な賭けだとしても、一歩前に踏み出すことを。

行動を起こさなければ、人生は何も変わらないのです。

「鋭い武器の樹よ、勇者よ、選びなさい。
どう選ぶかはあなた次第です。語るか、黙るか？」
シグルドリーヴァの歌20

003

今の自分を誇りに思う

今はまだ何も成し遂げていないとしても、自分を肯定し続けること。

これまでひとりの人間として生きてきた自分をありのままに、今日、誇りに思ってください。

「今日死のうが、明日死のうが、名誉を手にしよう。
誰も、運命の女神のお告げがあれば
夕暮れまで生きることはできないのだから」
ハムジルの歌 30

004

決断を下すのは自分

他人に意見を求めることがあっても、それを鵜呑《うの》みにして従わないことです。

様々な人の意見を聴くことは大事です。ときには法律、医療、経営、不動産など専門家のアドバイスに耳を傾けることも必要でしょう。

ただし、最終的な決断を下すのは、自分ひとりです。

「生きている間に、自分の視点と知恵とを得る者は幸せだ。
他人の心からはよくない忠告を受けることが多いものだ」
高き者の言葉9

005

孤高の勇者として生きる

誰にも理解されなかろうと、世間に興味をもたれない分野であろうと、自分の心が突き動かされるならば、それがあなたの進むべき道です。

「私の名は気高い鹿。いつも、ひとりだった」
ファーヴニルの歌2

006

幸福は自分の心が決める

一日、一瞬、喜びに生きること。

朝目が覚めた、ごはんがおいしい、ベランダの花が咲いた、ああ嬉しい。

日常の中で、今生きていることを喜びに感じられるなら、あなたの人生は満たされていくでしょう。

自分の心のもち方ひとつで、人生をよくもすれば、破壊もするのです。

「胸の奥にある思いを知るのは心だけ。
自分を慰めるのも心だけだ。
何も満足できない人生は寂しいものだ」
高き者の言葉95

007

大地に自分の根を張る

大きな木がどっしりと根を張るように、自分の足を現実という大地につけましょう。今まで経験してきたことをどれだけ養分として吸収し、あなたの根を育てていくか。
目には見えない自分の土台をしっかり固めると、少々の嵐にはびくともしない人間になっていけます。

「運命の泉のほとりに、
ユグドラシルという名の大樹が立っている。
緑豊かに天高く聳えている」
巫女の予言 19

008

心のままに

自分の心が「ノー」と言うことをしない。
これを守るだけで生きることがずっと楽になります。

「人は誰も心のままに生きるもの」
オッドルーンの嘆き34

009

理不尽に対抗する

納得のいかない状況をそのままにしないことです。

他人の足を引っ張ったり、いじわるをしたり、脅かしたりする人に対して、黙っているのは本当によくありません。チャンスを待ち、汚名をすすいでください。

かなり時が経ったとしても、己の人生にケリをつけるのは大事なことです。

「理不尽なことを言う相手に対し、黙っていてはいけません。
臆病者だと思われ、相手が嘘を誠と言い張って、あなたの評判は悪くなります。
時をみて、そいつの息の根を止め、嘘の報いを果たすのです」
シグルドリーヴァの歌 25

010

心を穢すことは誰にもできない

人は誰でも清らかな心をもっています。

優しく、賢く、美しい。

どんな屈辱や理不尽な仕打ちを受けようと、穢《けが》すことはできない純粋な心です。

人生には嫌なこと、苦しいことはいくらでも起きますが、「自分の心は穢されない」と誓いましょう。


「光の神バルドルは、天にある宮殿に住んでいる。

そこには一切の災いがなく、不浄なものは入ることを許されない」

ギュルヴィの惑わし22

011

自分を卑下しない

「私はまだまだだ」と思っていると進歩が大幅に遅れます。
昨日より今日、今日より明日。
毎日進歩していく自分を素直に褒めることから、運命は拓けていきます。

「いちいちひがむやつだな。本当のことを言ってやるぞ」
ファーヴニルの歌 9

012

他力本願から脱する

他人の人生は輝いて見えます。迷ったときには、他人の言うことのほうがもっともだと思えてきます。自分がやっていることが正しいかどうか、わからなくなることもあります。

すっかり自信をなくしたときでも、一縷《いちる》の望みを自分の知恵に賭けてください。

「自らの知恵、優れた分別に勝る荷物はない。
見知らぬ土地でお金より役に立つ。それはみじめな者を守る鎧だ」
高き者の言葉10

013

何事も血となり肉となる

あなたが経験したことで無駄なことはひとつもありません。悔しい思いをしたことも、自己嫌悪に陥ったことも、すべてが血肉となっていきます。

優れた本を読み、才能ある人々の話を聴き、知恵を深める。

玉石混淆《こんこう》、人生の一切をゆるぎない自信に変えていけるのです。

「ユミルの肉から大地はつくられ、血から海が、骨から岩が、
髪から木が、頭蓋骨から天がつくられた」
グリームニルの歌 40

014

人から愛される生き方をする

愛されない人間は困りきったとき、手を差し伸べてくれる人がいないことに気づきます。
「自分を貫く道」とは孤立することではないのです。

「不毛の地に立つモミの木は枯れる。
誰にも愛されない人間も同じことだ。どうして長生きできようか」
高き者の言葉50

015

初心を貫く

夢が遠のくように感じるとき。最初に志したときの純粋な気持ちを思い出してみてください。

「戦士の父オーディンよ、
思い出せる限り遠い昔の話を語ってみよと仰せられるのか」
巫女の予言1

016

自分のふがいなさを知る

小さい器の人間に大きな仕事はできません。今の自分の力量、知識のなさ、能力の不足、計画の不備などをまずは素直に認めることです。
自分のふがいなさを知ってこそ、やがて大きな器をもった人間に成長できます。

「小さな海には小さな砂浜しかない。人間の知恵もわずかなものだ。
皆が皆、同じように賢くはならない。人間とはいたらない存在なのだ」
高き者の言葉53

017

己を恥じない

上等な靴を履いていなくても、高級車に乗っていなくても、あなたは価値ある人間です。人前に出るときは髪や体をきれいに洗って、清潔に整えていけばいいのです。

世の中は、持ち物の金額でしか、人を判断できない人間ばかりではありません。

あなたの本質を見抜き、信頼している人が確かにいるのです。

「たとえ上等な服を着ていなくてもいい。
身を洗い清め、清潔にして人前に出なさい。
靴やズボンを恥ずかしがるな。良馬でなくとも馬を恥ずかしがるな」
高き者の言葉61

018

品格を保つ

家の中でのしぐさ、他人に見せられますか。椅子に座る、箸を持つ、くしゃみをするといった、何気ない行為にあなたの美意識が表れます。

人に見られて恥ずかしい態度はひとりのときも止《よ》しませんか。

「オーディンは高座フリズスキャールヴに座ると全世界を見回し、
人間一人一人の行動を見つめ、すべてを記憶する」
ギュルヴィの惑わし9

019

成功のために何を捧げるか

何らかの犠牲なくしては、得られないものもあります。偉大な成功を得るために、あなたは何を捧げられるでしょうか。時間か、労力か、お金か、それとも……。

優れた成果を出したいなら、何を差し出すか、決めてください。

「わしは風の吹きさらす木に九夜ぶら下がった。
槍に傷つき、自ら犠牲を捧げたのだ。
そして、わしは大いなるルーンの知恵を得ることができた」
高き者の言葉138

020

己の力を過信しない

驕《おご》り高ぶる思いはないか。偉く見せたい気持ちはないか。どんな道をゆくにしろ、優れた仕事を成した人は大勢います。先陣をゆく人々に感謝する心、謙虚に学ぶ姿勢を保ってください。

あなたの技術を磨き、腕を鍛え、自信を得たときにこそ、大事な心構えです。

「人間誰しも多くの人と出会えば、
自分がいちばん強いとは言えないとわかる」
ファーヴニルの歌 17

021

孤立しない

絶対的に自分を信じる人生は「孤独への道」ではありません。

自分の道を貫き始めたとき、あなたを信頼する人間が一人、二人、三人と増えていくはずです。理想の実現に向かって進む勇気をくれる人々です。

損得なく、あなたの成功を心から喜んでくれる人は誰でしょうか。

「ヴァルキューレたちが英雄のもとへ
馬を走らせんと天翔る」
巫女の予言30

022

自分の武器を意識する

広い世界に打って出ようとするとき、必要なのは自分を信じ続ける勇気です。

弱気にならないために、あなたの強みを明確にしてください。自分ならではの能力は何か、専門的な技術をもっているか、人間的な魅力はどこにあるか。

他人が簡単に真似のできない、独自の武器はどこでもいつでも役に立ちます。

「野に出たら、武器から手を離すな。
いつ、槍が必要になるかわからないから」
高き者の言葉38

023

組織の中でも自由

大きな組織の中で生きることは時に不自由さを感じるかもしれませんが、心は自由です。

「捕らわれの身ではあるが奴隷ではない。私は自由に生きている」
ファーヴニルの歌 8

024

思ったことが実現する

心の声にじっと耳を澄ませ、自分が思ったとおりに行動する。

そうして一日一日を生きていると、いつの間にか願っていた場所に到着しています。

「何でも自分の思いどおりになるとアース神たちは知っている」
ギュルヴィの惑わし２

025

広く旅する

人生は旅と同じ。広い世界を巡るようなものです。

様々な土地で危険な目に遭い、道に迷いながらも、旅から無事に戻ってきた人間は強い。幾度となく失敗しながらも、自分で乗り越えてきた人間は賢い。

未知のものを見て、経験して、挫折もして、自分でつかみとった知恵こそが、人を成長させます。

「広い世界に旅立ち、方々を巡った人間だけが自らの知恵で舵をきり、
世の中を渡っていくことができる。その者が賢者と呼ばれる」
高き者の言葉 18

SAMRÆÐA

会話について

026

人と楽しい会話をする

「嬉しい」「楽しい」「ありがとう」。

そんな言葉が自然と出てくる会話を心がけましょう。

人を元気づける力を身につけた人は、声をかけるたびに、誰よりも自分が幸せになることに気づきます。


「善人を楽しい会話に誘え。生きている間に癒しの魔法を覚えよ」

高き者の言葉120

027

悪い言葉は心の中から追い出す

心が暗くなるような言葉を口に出さないように。「困った」「しまった」「悲しい」「腹が立つ」「どうしよう」等々。人を貶《おとし》めるような言葉、自分を卑下する言葉も同様です。

あなたも、他人も、耳に入ると嬉しい言葉、励ます言葉を日々使っていると、何ものにも心が動じなくなります。

「決して悪を喜ぶな。善を心がけよ」
高き者の言葉128

028

親切に言葉をかける

のけ者にされている人がいたら輪の中に誘いましょう。
寂しそうな人には優しく声をかけましょう。
自分を信じる人間は、他人に疎《うと》まれ孤立する人に手を差し伸べる勇気をもっています。

「人を馬鹿にするな、外へ追い出すな。気の毒な人々には親切にせよ」
高き者の言葉135

029

よく語り、よく覚える

人にわかりやすく、楽しく、言いたいことを伝える人は誰からも愛されます。

積極的に話すためには人の名前や固有名詞をよく覚えることです。あいまいな話し方は信用を失います。

真実にしろ、虚構にしろ、できるだけディテールを語ると信頼され、よい情報も入ってきます。


「多くの知恵を手に入れたければ、よく語り、よく覚えることだ。

何も話すことができない者は愚かなままだ」

高き者の言葉103

030

必要なことだけを話す

信頼できない相手だとわかっていても、思わず饒舌《じょうぜつ》になってしまうことはあるものです。どんなに人恋しい気分のときでも、沈黙しておいたほうがいい相手はいます。必要なことだけを話し、早々に立ち去ることです。

「貧乏人が金持ちのところに行ったら、必要な話をするか、黙っていたほうがよい。
心の冷たい人間のところを訪れた者にとって、おしゃべりは害になるばかりだ」
ヴァフズルーズニルの歌 10

031

きれいごとを言う

きれいごとは時に、勝利の武器となります。慎重に言葉を選び、相手が心地よくなるように会話を進めましょう。本音で語り合うのは信頼できる友だちだけでいいのです。

「信頼できない友をもちながら、よい情報を得ようと思うなら、
口先だけきれいごとを言って、本心は隠し、ごまかしにはごまかしを返せ」
高き者の言葉45

032

結果を確かめてから褒める

見かけ倒しは世にいくらでもあります。

立派な人物とされていても裏の顔をもつ人。見ためはすばらしいのに性能の悪い道具やおいしくない料理や立派なマンション。

何事もきちんと確かめてから評価しましょう。

「日が沈んでから昼を褒めるべきだ。
剣は試し斬りをしてから、氷の川は渡ってから、お酒は飲んでから褒めよ」
高き者の言葉81

頭を使え

語るか、沈黙するか。いつ言うか、誰に話すか。どんな言葉を遣うか。微笑んで言うか、厳しい口調か。本題は最初か、後か。

話すときはいつでも、知恵を働かせることです。

言葉の遣い方ひとつで、その後の関係性がすっかり変わってしまうことがあります。

「道中ご無事で。巨人と言葉をかわすときは頭を働かせなさい」
ヴァフズルーズニルの歌 4

034

話す相手を選ぶ

その話を目の前の人にしてよいかどうか、よく考えてください。

「人を嘲笑する者は
自分と話している相手が悪魔なのに全然気づかない」
高き者の言葉31

035

嘘ばかりつかない

どうせ嘘をつくなら、人生に役立つ上手な嘘を。ときには、相手がぷっと吹き出してしまうような嘘で人を楽しませましょう。

「嘘ばかりついて神々を立腹させると、
しょんぼり家に帰らなくてはならないのよ」
ロキの口論31

036

挑発に乗らない

他人を怒らせる天才はどこにでも出没します。いちいち怒るのはやめましょう。

誘いに乗って口論すれば、あなたの価値を落とすばかりです。

「なぜ言い争いをするのか。そいつはふざけているだけなのだ」
ロキの口論19

037

老人の言葉に耳を傾ける

ともすれば二十歳の人間は三十歳を、三十歳は四十歳を老人だと思いこむが、やがて自分もその仲間入りをすることに目を向ける人間は少ない。先に生まれた人間を敬う気持ちをもち続けることです。

老人が語る言葉は深く、役に立つことが多いもの。

時代は変わっても、生きる知恵は普遍です。

「老人の語り手を馬鹿にするな。
老人が語ることは知恵深く、役に立つことが多い」
高き者の言葉134

038

才能を伸ばす

会話の才能ひとつをとっても、交渉上手、聞き上手、笑わせ上手、得意分野はいろいろです。

どんな世界で生きるにしろ、スペシャリストを目指せば、かけがえのない存在になっていけます。

「ある者に勝利を、またある者には黄金を、
多くの者に雄弁を、人々に知恵を、勇者には追い風を、
戦士には猛々しさを、詩人には言葉を」
ヒュンドラの歌3

039

自分から語りかける

仕事でもプライベートでも、グループの中でいつも聞き役にまわる人は、ちょっと勇気を出して自分から話してみましょう。

あなたの言葉で語れば語るほど、他人に信頼される人間になっていけます。何より、自分の言葉を信じられるようになります。

「大いに語ることによって得をする。
沈黙していては何も得ることはできない」
高き者の言葉104

040

すぐに謝らない

心優しい人はすぐに謝る。

それほどひどいことをしたわけではないのに、申し訳ないことをしたと罪の意識を感じてしまうのです。過剰な謝罪はあなたの誇りを傷つけます。

「ごめんなさい」を口にする前に、一方的に自分のほうが悪いのか、落ち着いて考えてみましょう。

「今、私は身の潔白を証さなければなりません」
グズルーンの歌Ⅲ 8

041

笑ってごまかさない

怒られているのに笑ってしまう、共感していないのに笑ってしまう。恐れや不安を笑ってごまかす癖はあなたの心を苛《さいな》んでいくもの。

笑顔は時に自分を守る武器となりますが、怖い、嫌だ、悲しいと、感情を素直に出したほうがどれほどすっきりするでしょう。

「執念深い女よ。
今、高らかに笑ったのは喜びからではないだろう。
なぜ、青白い頬をしているのだ」
シグルズの短い歌31

042

悪口を運ぶ人にならない

悪口を言う人のそばにいただけなのに、まるであなたが言ったかのように伝わることがあります。

噂話が始まったら、完全に口をつぐんでおくか、その場を離れることです。

「ラタトスクという名のリスが世界樹を上り下りして、
天頂の鷲と地界の竜ニーズヘグの間で悪口を運んでいる」
ギュルヴィの惑わし 16

043

人を褒めよう

もっと他人のいいところを探して語りませんか。
一日一回、他人を褒める。今日からやってみてください。

「性根の曲がった男は何でも嘲る。
自分にも欠点がないわけではないのに」
高き者の言葉22

044

無意識に人を傷つけない

あなたが何気なく放ったひと言が相手の心にグサッと突き刺さることがあります。無意識だからといって、罪はないのでしょうか。

知らず知らず、復讐の対象にならないように。

「若いヤドリギが災いの矢に変わり、ホズがそれを射った。
バルドルの弟がすぐに生まれ、復讐を始めた」
巫女の予言32

045

ストレートに伝える

第一声は伝えたいことをストレートに。天気の話、巷《ちまた》のニュース、ご機嫌伺いは必要ありません。

相手に何を伝え、どんな結果を導きたいか。

自分の意図を最初に明確にしておくと、相手の出方に流されることなく、会話を有利に進めていけます。

「ミーミルの頭は思慮深く、最初の言葉を語り、
ルーンで刻まれた真の知恵を告げた」
シグルドリーヴァの歌 14

046

ぶつかれば何かが生まれる

恐れないでください。考え方が全く違う人とぶつかり合うことを。

妥協なく、意見をかわし合うことで、思いもかけない発想が生まれるかもしれません。

その小さなアイデアのしずくから、新しい価値は生まれ、大きく発展していくのです。

「霜と熱風とがぶつかり、氷は溶けて滴った。
そのしずくが熱の力によって生命を得て、人の姿となり、原初の巨人ユミルが誕生した。
霜の巨人たちはすべてここから生まれた」
ギュルヴィの惑わし5

047

積極的に聞き手になる

あなたが一方的に話していては、相手の本心も聞けないし、情報を得ることもできません。

よく質問して聞き手にまわると、相手は自分に興味をもってくれたと気分がよくなり、好感をもたれます。

「巨人の宮殿に行ったら、自分の自慢話ばかりするなよ」
ギュルヴィの惑わし45

048

悪口を言われたら喜ぶ

不特定多数の人々から悪口を言われるようになったら、
一人前になったと思いなさい。
他人から脅威をもたれないようでは一流とは言えません。

「武勇について語る勝利の神々も妖精たちも、
誰ひとりあなたのことをよく言っていませんよ」
ロキの口論2

049

大事なことは秘めておく

心の中に秘めた、夢。

成し遂げたいことがあるなら、吹聴して回らないように。多くが知れば、つねに誰かを意識することになります。

夢はあなたの宝物。自分の中で大切に育てましょう。

「大事なことは自分の心ひとつにとどめておけ。
他人には知らせるな。三人が知れば世間中が知る」
高き者の言葉63

HUGREKKI

勇気について

050

腕力より、勇気の力

対立したとき、腕力で解決しようとする人。勇気を出して相手の懐に入り、対話しようとする人。
どちらが真の勝利を得て、尊敬される人物か、自ずとわかるでしょう。

「勇者が戦うとき、剣の力より、勇気のほうが大事だ」
ファーヴニルの歌30

051

いつも元気で

勇気ある人間は、順調なときもピンチのときも毅然《きぜん》とした精神を保ち、態度が変わりません。弱い人間は形勢が不利になるととたんに臆病になり、卑屈な態度をさらしてしまいます。

いつでも明るく、生き生きと、元気いっぱいに！

何が起ころうと、下を向かないで笑顔で過ごしていると、逆境に動じない人間になっていけます。

「何が起ころうと意気消沈するな。
戦いでは勇気をもち、臆病になるな、元気溌剌でいろ」
ファーヴニルの歌31

052

戦え、ひるむな

どんなに大勢が相手でも、負け戦と決まったわけではありません。

「オーディンは槍グングニルを放ち、敵勢の真っただ中に投げつけた。
それが世界で初めての戦いとなった」
巫女の予言24

053

幸運のそばを通り過ぎない

人生にはいつか必ずチャンスの時が訪れます。
そのとき、しっかりつかむか、逃がしてしまうか、その差は大きい。
最も情けないのは目の前に幸運が訪れていることに気づきもしないことです。

「幸運のそばをむざむざ通り過ぎるな」
レギンの歌 25

054

一瞬のチャンスを見極める

挑戦しようとするときは焦らないこと。追い風が吹くのをじっと待ちましょう。

そのときがきたら、即断即決。迷うことなく突き進み、スピード、スピード、スピード！

「風の吹くときに木を切り倒せ。晴れの日に、海へ漕ぎ出せ。
船にはスピードを、楯には防御を、剣には一刀両断を」
高き者の言葉82

妥協なく選択する

次々と頭の中に浮かんでは消える、あなたの思い。速決する癖をつけましょう。

喫茶店のメニュー選びといった小さなことでも、「まあ、いいか」と適当に選ぶのではなく、「絶対にこれ」と妥協なく、数秒のうちに。

やがて、大きな決断の場でも、正しい選択ができる自分になっていけます。

「トールの従者スィアールヴィは少年フギと走り比べをしたが完敗だった。
少年の正体はわしの思考だったのだ。思考のスピードには誰も勝てないのさ」
ギュルヴィの惑わし47

056

門出にはあらゆる可能性を考える

何事も最初が肝心。一歩を踏み出す前に、どんな危険が起こり得るか、しっかりと考えることです。

最悪の事態までを想定し、具体的に対策を練っておけば、何が起ころうと落ち着いて行動できるはずです。

「部屋の中に入る前にすべての扉に気を配れ、辺りを見回せ。
敵がどこにいるか、わからないのだから」
高き者の言葉1

057

執念を燃やし続ける

すぐ目の前に迫った成功を逃してしまう人が多いのは、最後の大事な瞬間に「もう安心」と油断してしまうからです。その手でしっかりとつかむまでは、勝利への執念を保ち続けてください。

「深い考えもなく、願いは叶えられると思って、
わしは引き返した。しかし……」
高き者の言葉99

058

進みながら、考える

何か思いついたら、ともかく行動してみましょう。
先はどうなるかわからなくても、失敗してもいいではありませんか。
進みながら、考える。考えながら、進む。
その繰り返しで、人は学び、あなたの歴史はつくられていくのです。

「進みたくてならない者はおとなしくしているより、
何かしたほうがましだ。寿命はすでに決まっている」
スキールニルの旅13

059

タフであれ

何度倒されても、立ち上がる。
何事もなかったように過ごしていると、相手はあなたを脅威に感じるようになります。
何度失敗しても、挑戦し続ける。
決してあきらめなければ、人生の喜びを手にする人間になれます。

「女神グルヴェイグを槍で突き、三度焼いたが、三度とも生き返った。
神々は何度も繰り返したが、彼女は今も生きている」
巫女の予言21

060

覚悟を決める

勝利のためには意志をかため、信念を貫きなさい。

「バルドルの敵を火あぶりにするまで、手も洗わず、髪もとかさない」
バルドルの夢 11

061

前もって察知する

目に見えないところに問題は潜んでいるもの。
計画の遂行に抜かりはないか、神経を研ぎ澄ましていると、自ずと危険は察知できます。

「多くの蛇が世界樹ユグドラシルの下に潜んでいるが、
馬鹿者はそのことを忘れている」
グリームニルの歌 34

062

時を待つ

もう一歩も前に進めないと思ったとき。ふと、歩みを止めて、時を待ちましょう。

もはやこれまでという状況でも、それはあきらめろというサインではありません。好機を待って、再度挑戦すればいいのです。

時を待つ間に、自分の技術を高め、人間を磨くのです。

再生の時は必ず訪れます。

「種を蒔かないのに、草木は芽吹き、実はなるだろう。
神々は勝利の地に仲良く住むだろう。すべての災いは福と転ずるだろう」
巫女の予言62

063

寝ているオオカミに肉は手に入らない

のちに成功する人の多くは早起きです。

朝からきびきびと働き、やることは正確です。朝寝坊はだらだらと過ごし、何をやらせても雑なことが多い。

成し遂げたい夢があるなら、毎朝四時に起きて仕事に集中するなど、朝型の生活リズムをつくりましょう。


「成功と財産とを得ようとする者は早起きしなければならない。

朝寝坊は勝利を得ることはできない」

高き者の言葉58

064

いくつもの顔をもつ

優しい顔、無邪気な顔、憤怒の顔。確固たる信念があれば、いくつもの顔を使い分けることは容易《たやす》いことです。

「戦いの道を進むとき、
わしはひとつの名前だけを名乗ったことはない」
グリームニルの歌 48

065

恐れることなく、進む

たとえ、行く先が茨《いばら》の道だとしても、ほんの小さな一歩ずつだとしても、前へ前へと進んでいると、恐怖心がふっと消え、ワクワクに変わる瞬間が訪れます。

ゆるぎない自信。

恐れや不安を何度も乗り越えるうちに、自分を取り巻く世界も大きく変わっていきます。

「どんなに大口を叩いても、
オオカミと戦うべきときに意気地がなければな！」
ロキの口論 58

066

一気に突破する

何事も勢いが大事です。
集中して準備万端に整え、計画は心に秘めておく。ここぞというとき、一気に打って出ましょう。

「ヴァルハラには五百四十の扉がある。
オオカミとの戦いに挑むときは、
ひとつの扉から八百人の戦士が一気に飛び出す」
グリームニルの歌 23

067

人が嫌がることを進んでする

あなたは人が嫌がることや怖がることを進んで行う人ですか。それとも、傍観している人ですか。
結果がどうであれ、勇気ある行動をとれる人間は敬意をもって受け止められます。

「勝利の神テュールの勇気が証明された。
神々の裏切りを疑うフェンリルのため、
鋭い牙の前に腕を差し出し、猜疑心を解いてやった。
他の神は拒絶したのに」
ギュルヴィの惑わし25

068

人のよいところを見抜く

他人のよいところを見つける天才になりましょう。まして、自分と同じ分野の人間の優れたところを褒めることができるのは、勇気ある行動といえないでしょうか。

「ヴァルハラには途方もない数の戦士がいる。
オーディンはこの軍勢を動かす偉大な統率者だ」
ギュルヴィの惑わし41

069

あまり早くから期待しない

何事も成長は一歩一歩。期待しすぎると失望を味わうものです。

あなたの子どもも、仕事を任せた部下も、畑に植えた作物も、投資したお金も。

早く思いどおりにならないからといって、責めるのは気の毒です。

「早く種を蒔きすぎた畑を信用するな。天気次第で先はわからない。
息子もあまり早くから信用するな。どちらも頼りにならない」
高き者の言葉88

誰より早く到着する

交渉事でも会議のプレゼンでも試験でも、現地にはいちばん乗りしましょう。

心に余裕をもって行き、現場でうまくいく状況を具体的にシミュレーションしておくのです。

すると、自分の能力を存分に発揮して、有利に事を運ぶ場をつくり出すことができます。

「スルトは炎に包まれながら真っ先に立つ。彼の剣は太陽よりも輝き煌めく」
ギュルヴィの惑わし51

071

助言を求めることを恥じない

先がどうなるか、不安でいっぱいなとき。どう行動していいか、わからないとき。信頼できる人に助けを求めてください。

いつまでもひとりで悩んでいて自滅するよりは、ずっといいでしょう。

「オーディンはミーミルの泉に馬を馳せ、我と味方のために、助言を求める」
ギュルヴィの惑わし51

072

集中し続ける

ひとつのことに集中し続けていると、ある日突然、視界がひらけ、成功への道筋が明確に見えてきます。
その道を楽しく歩いていけばいいのです。

「勇気の導くままに、どこへ向かおうとも健やかに、抜かりなく」
グリーンランドのアトリの歌 12

073

自分の武器を磨く

多くの人は他人の能力や人徳をうらやんで、自分も手に入れようと努力します。

しかし、あなたにふさわしい才能が天から与えられているのです。自分ならではの武器をより高いレベルへと磨くほうが勝利への道は近いでしょう。

「戦いの神にご加護をゆだねよう。
オーディンは勇者にふさわしい黄金を授けてくださる。
ヘルモーズには兜と鎧を、シグムンドには剣を」
ヒュンドラの歌 2

074

決して、あきらめない

どんなに不利な状況でも、敵対する相手に背中を見せることなく、堂々と突き進んでいく。簡単に引き下がったりしない心意気。

その不屈の魂をもち続けられる人が成功者となっていけるのです。

「敵に後ろを見せるのを善しとせず威風堂々、
颯爽と、ひとり馬駆ける王になれ」
グリーピルの予言7

075

狭い世界から飛び出す

家に閉じこもっていれば大した危険はない代わりに、よい出会いから遠ざかってしまいます。

今こそ、自分が属している狭い世界を超えて、未知の世界へと踏み出しませんか。

「遠くへ旅をするには知恵が必要だ。
家では何の苦労もいらない」
高き者の言葉5

076

力の限り、精一杯

あなたのもてる力の限り戦ったならば、己を恥じることはありません。その敗北は人生の勲章です。

「雷神トールは大蛇の前から九歩退き倒れたが、
何も恥ずべきことではない」
巫女の予言56

077

人の言葉に左右されない

予言や占いに右往左往する人は自分によくない暗示をかけているのです。
どうしても占い師に頼りたいなら、当たるか当たらないかではなく、「私はどう行動すればよいか？」を尋ねるべきなのです。

「この先、私にどんな運命が待ち受けているか、教えてください。
預言者グリーピルよ。災いとなることでもいいから」
グリーピルの予言 22

078

過去の自分を打ち砕く

現在のあなたにとって、過去はもう必要のないもの。今まで自分が正義だと信じてきたことも、自分には無理だと思いこんでいた弱さも、全部打ち砕いてください。

「雷神トールは槌ミョルニルをふり下ろした。
固い約束も誓いもすべてが打ち破られた」
巫女の予言26

079

世界へ羽ばたこう

大きな夢を描きましょう。
あなたの成すことが地球の裏側で生きる人々にも役立つような、偉大な仕事を。
今の自分には到底無理だと思えても、広い世界に飛び出す勇気をもっていてください。

「虹の橋の番人ヘイムダルが吹き鳴らすラッパの音は
世界のすみずみまで聞こえる」
ギュルヴィの惑わし27

VINÁTTA

友情について

080

よい人間とつき合う

陰口を言う人、馬鹿にする人、無視する人からは立ち去りなさい。

よい人間なら、あなたが人から褒められ、愛されるようにするでしょう。

「悪い人間からよいことを期待するな。
よい人間なら、おまえが人から褒められ、愛されるようにするだろう」
高き者の言葉123

081

真の友はいつでも味方

真の友は、あなたが心の奥に秘めた悲しみにも喜びにも気づくはずです。

どんな思いも受けとめ、叱咤激励しようとする人。本当に苦しいときには何も語らず、あなたのそばで話をじっと聴いてくれる人。

その場の感情で励ましたり叱ってみたり、気まぐれな人とは強い絆は結べません。


「胸の内をすべて打ち明けるように勧める者とは強い絆で結ばれる。

よいことばかりを口にして、心が変わりやすい人間は真の友ではない」

高き者の言葉124

082

友だちと、その友だちとも、友だちになる

信頼できる友だちの友だちは、あなたにとっても信頼できる人間です。よい友情を築いていけるでしょう。

全く信用に欠ける知り合いの友だちは、信用できる人間かどうか、見極めが必要です。

心の目で見て判断がつかないときは、まわりの人間を見ればわかります。


「友と、その友とも、友情を結びなさい。

だが、敵の友の友にはなるなよ」

高き者の言葉43

083

真実は目の中にある

本心を知りたいときは、目を見ればすべてがわかります。あなたがじっと見つめていると、その人は真実を語らざるを得なくなります。

「アース神の王オーディンが私の目の中を覗きこんだ。
何を、私にお尋ねになるのか。なぜ、私をお試しになるのか」
巫女の予言28

084

第一印象に注意する

出会った瞬間、ピピッと通じ合い、親友となる。

こんなことはごくまれです。第一印象がすこぶるいい人間は、心の中と表の顔に大きなギャップがあるかもしれません。

「偽物の友とは最初の五日間は熱い友情が燃えあがるが、
六日目がくると火は消えて、関係は前より悪くなる」
高き者の言葉51

小さな約束も守る

軽い気持ちで言った提案を信じる人もいます。「今度食事に行きましょう」「ぜひ誘ってください」等々。守る気のない約束は嘘をつくことと同じです。

「誓いを破る者はみじめです。
契約違反には恐ろしい対価がついてきます」
シグルドリーヴァの歌23

086

笑顔には笑顔を、嘘には嘘を

友だちは自分の鏡。

心から微笑みをかわせる相手を選びましょう。

その友だちとは気を遣うことなく、ありのままの自分で笑っていられます。一方、嘘をつく友だちに対しては、あなたも嘘をついたっていいのです。

「友には友らしくふるまい、贈り物には贈り物を、
笑顔には笑顔を、嘘には嘘のお返しを」
高き者の言葉42

087

笑顔で心にもないことを話す

目の前にいる友だちは、本音でつき合える人間かどうか、見極めることが大事です。信頼できない人間なら、親切にする必要はありません。

嘘には嘘を、裏切りには裏切りを。日常では適当に笑いかけ、心にもないことを話しましょう。

笑顔で話していれば無用なトラブルは避けられます。

「気心の知れない相手には微笑みかけて、心にもないことを話せ。
贈り物には同じ贈り物を返せ」
高き者の言葉46

088

ささやかな手土産でいい

高価な手土産を持っていかなくてもよいのです。何も渡さなくても、うまくいくときはいくし、素敵な贈り物を渡しても、うまくいかないときはいかないのです。

「ささやかな贈り物でもよい評判を得ることは多い。
パンひと切れとグラス半杯で、友を得たことが私にはある」
高き者の言葉52

089

贈り物には裏がある

賄賂《わいろ》を受け取ると、恐ろしい代償を払うことになります。

「彼らはアトリの贈り物を受け取り、その背後に潜むものを考えなかった」
グリーンランドのアトリの言葉5

090

友だちの話をじっと聴く

ただ黙って話を聴くだけで、悩みを抱えた友だちの心を救うことはできるのです。
怒りや憎しみの感情に油を注ぐことを言わないように。しばらく一緒に過ごしていると、友だちの心の中に安らぎの光が灯ることに気づくでしょう。

「光の神の子フォルセティを訪れる者はひとり残らず和解して帰って行く。
そこは神々と人間のための最も優れた法廷なのだ」
ギュルヴィの惑わし32

091

長居は無用

他人の家に呼ばれたとき、どんなに居心地がよくても、適当な時間に帰りましょう。

席を立とうとして、「あら、もう帰るの。もう少しいたら？」などと引きとめる言葉を素直に信じてはいけません。椅子に座り直したとたん、落胆の色が顔に浮かぶのを見ることになります。

「いつまでも客でいないで帰るべきだ。
他人の家に長居をすれば、愛想のよかった人も嫌な顔をするようになる」
高き者の言葉35

092

自分から絶交を言い渡さない

友だちにどんなに腹が立っても、自分のほうから絶交を告げないように。

悶々と毎日を過ごすことになります。そっと、離れていきなさい。

「友には、自分のほうから絶交を言い渡すな。心配事が増えるだけだ」
高き者の言葉121

093

友とはよく会う

友だちとは頻繁に会い、顔をつき合わせて話をすることです。

いったん疎遠になると、二度と会えなくなることもありますから。

「信頼できる友がいるなら、よく訪ねなさい。
誰も通らない道には藪ができ、背の高い草が生い茂ってしまうから」
高き者の言葉119

094

恩には恩を返す

かつて救ってもらった恩義を忘れてはなりません。相手の危機に際して、恩返しをしてください。望まれる以上のことを、誠意を尽くして。

「私を破滅から救ってくださったように、
あなたに神々の恵みの力が与えられますように」
オッドルーンの嘆き9

095

かつての友は味方ではない

信頼していた友だちが敵にすり替わることがあります。早く気づいてください。その人はあなたがよく知っていた人間ではないことを。

変わってしまった友だちを信じ続けるのは自分の首を絞めることになります。

「私は多くを語ったが覚えてはいないだろう。
昔の友がおまえを欺いているのに」
グリームニルの歌 52

096

怠け者は信頼できない

味方であっても、怠け者を信用してはいけません。自分から働こうとせず、あなたの手柄だけをもっていきます。

「おまえがヒースの花の中で寝息を立てていたとき、
私は恐ろしい竜と力の限り戦っていたのだ」
ファーヴニルの歌 28

097

幼なじみに打ち明ける

人に言えない悩みは幼い頃からの友だちに打ち明けなさい。あなたを長年知っている人にこそ、見えてくる解決策があるでしょう。

「幼い頃、私たちはいつも一緒だった。
私に内緒にすることはないだろう？」
スキールニルの旅５

098

人間の中に善も悪もある

この世は善にも悪にも満ちています。

同じように、優しいだけの人もいないし、悪いだけの人もいない。

優れたところもあれば愚かなところもある。

自分も他人も善悪表裏一体。

ひとりの人間の中に、どちらも存在していると認め合うことから、絆は結ばれていきます。


「オーディンは神聖な誓いをした。

だが、彼の誓いを信じる者などいるだろうか」

高き者の言葉 110

099

人は人の喜びである

自分を貫く生き方は、時に孤独です。

人生に迷い、涙するときも、ふと出会った人と言葉をかわせばあたたかな気持ちが湧いてくることがあります。

人と会うことは、今ここに生きていることを確かめ合うことです。人は人によって生かされ、自分もまた、誰かにとっての喜びとなっているはずです。

「ひとりで旅をして道に迷った。
人に会えたとき、豊かな気持ちが湧いてきた。
人は人にとって喜びなのだ」
高き者の言葉47

HATUR

憎しみについて

100

憎しみは眠らない

人間、生きていれば、悔しいことや悲しいことは次々起きます。

誰かを強烈に憎んだり嫉妬したりする出来事が起きたとき。人は心に燃えあがった憎悪の火を消すことができるでしょうか。

歳月が経ち、外からは何事もなかったように見えても、心の奥でそれは静かに燃えています。

「父を倒された若い息子の中にはオオカミがひそんでいます。
黄金で満たされたように見えても、彼の言葉を信用しないことです」
シグルドリーヴァの歌35

101

たとえ相手に非があろうと復讐をしない

心の中に憎しみがふつふつと燃えているときでも、ぐっと抑えることです。

煮えたぎる激しい思いは、人を傷つけるためではなく、自分の未来のために使ってください。

仕事の成功、幸せな家庭、大きな財産……。憎しみを耐え抜いた経験がいつの日か、死を迎えるとき、人生に大きな糧をもたらしたことを悟るでしょう。

「身内の者に誠実であるように忠告します。
たとえ、彼らに原因があっても復讐しないように。
それは死に際に役立つ」
シグルドリーヴァの歌 22

102

許さなくてもいい

「許す心をもちましょう」とよく言われますが、許せないのに、許そうとするから苦しいのです。許せないあなたは、ひどい人間でも心の狭い人間でもありません。心に痛みを感じるのは生きているからです。健康な証拠です。

そうはいっても、心の中にずっと憎い相手を居座らせておくのか、愛する人々で満たしていくのか。

未来を決めるのはあなたです。

「争いや怒り、心の痛みが容易く眠りこむと考えてはいけません」
シグルドリーヴァの歌 36

103

自ら敵をつくらない

徹底的に人を懲らしめるのはよくありません。
相手に一分の反論も許さない態度は敵を増やすばかり。
つい言いすぎてしまったと反省しても、決して許してくれない人間もいます。
毒舌を吐いた後は嘘でもいいから笑顔で締めくくりを。

「神々のうちただひとり、毒舌を浴びせてはいけない者がいる」
ロキの口論53

104

悪事をしないように心がける

悪いことだと知っていながら、やってみたくなることがあります。そんなときは、失いたくないものがいくつあるか、数えてみてください。

「どんな道をゆくにせよ、悪事に手を染めないように。
恐ろしい争いに巻きこまれる運命が見えます」
シグルドリーヴァの歌 37

105

本質を見つめる

肩書や有名度に頼っていては人間の本質を見抜くことは難しいでしょう。むしろ、声高に自分を主張しない人々の中に、尊い精神をもった、本物のリーダーがいるものです。

「悪い人間がのさばるときは、よい人間は引っこむことが多い」
高き者の言葉125

106

雄弁であれ

言葉には人生を左右する力があります。

対立する相手には褒め言葉、誤解を受けた相手には親切な言葉を。災いを避ける言葉を選びましょう。

雄弁の力は、敵をも味方にすることができるのです。

「誰からも怒りを憎しみで返されたくなければ、
雄弁のルーンを知らなければなりません。
争いの場ではその言葉を編み、組み立て、災いを避けなさい」
シグルドリーヴァの歌 12

107

その場で反論する

怒りを感じても、丸くおさめておいたほうがいい、機会をみて話し合おうなどと冷静に思いがちですが、今、ここで反論しなければならないときもあるのです。

いつまでも禍根を残さないためにも堂々と、その場で戦いましょう。

「腹が立つなら外に出て戦え、勇気のある者に遠慮は無用だ」
ロキの口論15

108

言わなくていいひと言もある

うっかりもらしたひと言で、友だちの信頼を失ったり、決まりかけた契約が白紙になったり、他人から恨みを買ったりします。

欲しいものを手に入れるのも手放してしまうのも、言葉の遣い方ひとつ。

何を語り、いつ沈黙するか、賢い選択をしてください。

「人が他人に言った言葉の報いを受けることはよくある」
高き者の言葉65

109

悪口を言わず信じず

残念ながら、多くの人は自分の目で見たことより、他人の悪口のほうを信じてしまいます。

悪い噂には尾ひれがついて回り、争う必要のない人間同士を対立に巻きこむこともあります。何よりも、悪口を言うと、あなたの魂が穢されます。

言って後味が悪くなるようなことは言わないことです。

「他人の悪口を言うと報復を受ける。
噂は枝分かれして広がり、災厄は果てがない」
レギンの歌 4

110

悩み事は打ち明ける相手を選ぶ

その人は心から信頼できる人間ですか。
あなたの秘密に対して、真剣に受けとめ、親身に考えてくれる人でしょうか。
あなたを貶める材料を、敵に与えてはいけません。

「悪い人間には決して不幸を打ち明けるな。
彼から情けを受けることは決してない」
高き者の言葉 117

III

癇癪を起こさない

対立したとき、熱くなったほうが負け。

「癇癪を起こすと、他人の憎しみを一層引き立てる」
ファーヴニルの歌 19

HATUR

112

小さなことで他人と争わない

怒りは怒りを呼びます。
つまらないことで怒ってばかりいると、本当に戦うべきときに戦うことができなくなります。

「憎悪をかき立てた男はわしよりひどい目に遭う」
高き者の言葉 151

113

喧嘩の誘いに乗らない

なにかと喧嘩を仕掛けてくる人は退屈なのでしょう。
そうでなければ、自分の人生がうまくいかないことが腹立たしいのです。

「争うことなどないのに、なぜ私のほうに手を伸ばすのか」
ハールバルズの歌28

114

正しく生きる

人に優しく、思いやりをもって、誠実に。
そうしたくない相手とは縁を切りなさい。

「神々に対して遺恨を晴らしたり、怒らせたりしないように」
ロキの口論12

115

無実の人に罪をきせない

真実を自分で確かめようがないときでも、安易に人を悪者にしないでください。

「無実の人を苦しめるのはひどいことだ」
グリームニルの歌 序文

116

自分だけは手を差し伸べる

人間とは弱いものです。誰かが人を裁き始めると、あっという間に大勢が糾弾《きゅうだん》する側にまわります。
その人に罪がないと思うなら、自分だけは信じ続ける、手を差し伸べる。意志の強い人間でありなさい。

「八昼夜、火の間に座らされた。
一杯の飲み物を運んでくれたのは十歳の少年ひとりだけだった」
グリームニルの歌 2

117

自分を抑えない

敵対心をもちながら、なあなあな関係でいるのも、言いたいことを我慢するのもよくありません。衝突を避けようとする善なる心があなたの立場を危うくすることがあります。

和を乱さない人間よりも、正々堂々、勝負を挑む人間になりましょう。

「あなたの敵に平和を与えるより、
剣を血に染めるほうが兄上にふさわしい」
ヒョルヴァルズの子ヘルギの歌 34

118

冷静に人を見る

いちばん怖い敵はどこか外にいるのではなく、最も身近にいたりします。心あたりがあるなら、一線を引いてつき合いながら、本心を探りなさい。

「自分の命を奪おうとする者を仲間だと思っていたら大馬鹿者だ」
ファーヴニルの歌 37

119

強く見せようとしない

自分の弱さを、強い言葉や大きな態度で隠そうとすれば、他人の目には滑稽《こっけい》に映るだけです。ともすれば、憎しみを一層煽《あお》ることになります。

「黄金を守るために、わしは恐ろしい兜をかぶっていた。
わしほど強い者はいないと思っていた」
ファーヴニルの歌 16

120

心を鬼にする

どうしても成し遂げたいことがあるなら、心を鬼にすることです。情にほだされて、決意が鈍るようなことがあってはなりません。

「心優しいグンレズは賢者の蜜酒を飲ませてくれた。
彼女の信頼を裏切り、わしは欲しいものを手に入れたのだ」
高き者の言葉105

121

不安の要素を減らす

どんな小さな課題も、心の不安も、完璧に取り去っておくことが偉大な成功への一歩です。

「神々はロキの子の三兄妹が大きな災難となることを悟った。
万物の父は兄の大蛇を深い海へと放りこみ、妹ヘルは冥界へ追いやり、
弟のフェンリルはアースガルズで飼うことにした」
ギュルヴィの惑わし34

122

正義を貫く

心が泣いているとき、人を思いやる人間でいられるでしょうか。不誠実な人々が上に立つとき、媚びへつらう人間にならないでいられるでしょうか。

どんなに苦しいときも、自分の正義を見失わないことです。

「神々の黄昏ラグナロク。
兄弟同士が殺し合い、親戚同士が不義を犯し、姦淫はまかり通る。
この世は血も涙もないものとなる。
誰ひとりとして、他人をいたわる者などいなくなるだろう」
巫女の予言45

123

巨大な悪と戦う

大きな権力、組織に立ち向かうのは容易なことではありません。

しかし、勇気をもちなさい。あなたの勝利を期待する人々がいるのです。

「雷神トールは恐ろしい大蛇ヨルムンガンドに立ち向かっていった」
巫女の予言55

124

過ぎたことは水に流す

もうとっくに終わったことなのに、「腹が立つ！」とか「傷ついた！」とか、思い出しては自分を苦しめていませんか。

昔のことを蒸し返したり、今さら人に話して一体何になるというのです。

「昔のことなど他人に話すことはない。過ぎたことは水に流しましょうよ」
ロキの口論25

VISKA

賢さについて

125

笑いかける者の正体を見抜く

優しく微笑みながら、他人を詮索したり、悪いことを考える人間はいるものです。他人の表情に翻弄されないように。

笑顔の裏に隠された、本心を見抜ける人間になりましょう。

「愚か者は自分に笑いかける者は皆友だちだと思いこむ。
陰で悪口を言われていることに気づかない」
高き者の言葉24

126

味方をつくる

自分に笑いかける人間を皆、味方だと思っていたら、痛い目に遭います。

人々が集まる場所に出かけていき、新しい知り合いを大勢つくるより、信頼する一人一人との絆を強めていくほうがよほど頼りになる真の味方を得ることができます。

「愚か者は自分に笑いかける者は皆いい人だと思いこむ。
だが、集会では自分の代弁者がほとんどいないと知る」
高き者の言葉25

127

知ったかぶりしない

聞きかじったことを自分の意見であるかのように語っても、知識ある人には見抜かれてしまいます。

「自分のほうがよく知っているのに」と思うなら、正しい情報を手に入れ、自分の言葉で語れる人間を目指してください。

「愚か者は輪の外にいるときは何でも知っているように思う。
しかし、人々が試そうとすると、どう答えていいかまるでわからない」
高き者の言葉26

128

聡明な人は黙っている

語れば語るほど、自分が無知であることがばれてしまいます。

「愚か者は人の集まるところでは黙っているのがいい。
あまり話さなければ、おまえが何も知らないことに誰も気づかない」
高き者の言葉27

129

夜はゆっくり休む

今、どうにもできないことをくよくよ悩み続けるのは時間の無駄です。

「愚か者は毎晩目を覚ましてはあれこれと思い悩む。
朝がくると疲れ果てるが、すべては前と変わらず、みじめなままだと気づく」
高き者の言葉23

130

心配しすぎない

自分を信じて行動する人間はくよくよしません。

一方、臆病な人間は終始びくびくして、愚痴をこぼすのです。

前者の人間も全く恐れる心がないわけではありません。ただ、まだ起きてもいない災難について、過剰に心配しないだけのことです。


「臆病者はちょっとしたことにもおびえ、贈り物さえ怖がって、愚痴をこぼす。豪胆な人間は物おじせず、よい生活を送り、くよくよすることはほとんどない」

高き者の言葉48

131

先延ばしにしない

いつかやろうと思っていることは、すっかり年をとってしまう前に始めてください。

定年退職してから、時間ができてから、準備が整ってから？　先延ばしにしているうちに、体力も情熱も失っている自分に気づくことになりかねません。

「臆病者は戦いから身を守れば長生きできると思いこむ。
だが、誰も老いには勝てないのだ」
高き者の言葉16

132

今を大切に生きる

暮らしの中で、ささやかな準備も丁寧にする。身支度を整える、仕事の段取りを組む、礼状を書く。

そうして毎日を積み重ねていると、いつ死んでも悔いのない人生となります。

「賢い人間は朝、体を洗い、髪に櫛を入れ、腹ごしらえをする。
夕方にはどこにいるかわからないから」
レギンの歌 25

133

信じすぎない

あまりにも物事がうまくいくとき、優秀な人物だと感心するとき。不測の事態を起こす前触れかもしれません。
突然訪れた幸運は少し疑うくらいがちょうどよいのです。

「早すぎる馬を信頼するなんて！
片足が折れたら使いものにならないではないか。信じやすい人間になるな」
高き者の言葉89

134

人は人によって磨かれる

異なる考え方をもった人々と積極的に話しましょう。異分野の業種、年齢も性別も違う人々、異国の友だち。

多くの人と話すうちに、情熱はかき立てられて、頭は柔軟に、包容力、創造力、決断力など、賢く生きる知恵が身についてきます。

「火は火によって燃え上がり、木は他の燃え木によって燃える。
人も他の人と話をすることで賢くなれる。引っ込み思案では賢くなれない」
高き者の言葉57

135

頼りにされる人間になる

やるときはやる。守るべきときに逃げない。皆が迷うときに決断する。
普段、もの静かで言葉少なくても、いざというとき毅然と立ち向かう人間は信頼されます。

「寡黙な神ヴィーザル。
あらゆる戦いにおいて、神々は彼を頼りにしている」
ギュルヴィの惑わし29

136

貪欲に知識を求める

世界中の情報を集めること。戦略、統治、弁論など実践的な知識を得ること。詩、音楽、予言など芸術的な感性を磨くこと。本を読む、未知の体験をする、新しい人間と出会うこと。

毎日が学びとなり、あなたが目にするもの、すべてが師となります。

「あなたが知識のある人間か、賢い人間か、私は知りたい」
ヴァファズルーズニルの歌6

137

朝、情報を集める

朝早く起き、情報を集めなさい。

どれだけ早く、有効な情報を得たかが重要となります。その中から自分に必要な情報を選別し、記憶することです。そして、今日一日をどう過ごすべきかを思考するのです。

「早朝、オーディンは二羽の烏を大空へ放ち、世界中を飛び回らせる。
彼らは朝食時に戻ってきて、集めた情報を報告する。
フギンの名は『思考』、ムニンの名は『記憶』と言う」
ギュルヴィの惑わし38

138

反対の意見も聴く

豊富な知識は自分ひとりの頭に秘めておくのではなく、知恵深い人々のところに出かけ、議論をかわすことです。反対の意見を聴くことは柔軟な頭をつくります。言葉で負ければ弁論のノウハウを学ぶこともできます。

知識は競い合ってこそ高まり、自分の血肉となっていきます。

「オーディンは物知りの巨人のところへ知恵試しに出かけた」
ヴァフズルーズニルの歌 5

139

論争の後は酒を酌みかわす

侃々諤々《かんかんがくがく》、意見を戦わせた後のお酒はおいしいもの。意見が違うからといって、その後の関係が悪くなるようなら、賢い人間とは言えません。

「すべての戦士たちはオーディンの庭で毎日戦い合う。
馬にまたがって帰ると、皆で酒を酌みかわす」
ヴァフズルーズニルの歌 41

140

知り得た情報は生かす

手に入れた情報はすべて日常で生かしましょう。役立つ情報を得たことに満足し、実践が伴わないなら現状維持のままです。

その有益な情報を使って、一日一日、行動に移せば、理想の人生に近づいていきます。

「人にとって役立つ知恵を、語りし者に栄えあれ、知る者に幸あれ。
聴いたことはすべて生かせ」
高き者の言葉 164

141

この世にまだないものに挑む

誰も考えつかなかったもの、この世にまだ存在していないものに挑戦するからこそ、価値はあるのです。
自分が創造した宝物を世界に向かって送り出したいと思いませんか。

「グレイプニルという足枷は六つのものからできている。
猫の足音、女の髭、山の根、熊の腱、魚の息、鳥の唾。
今、これらが世に存在しないのは材料に使ったからだ」
ギュルヴィの惑わし34

142

聴こえない声を聴く

あなたの耳に届いている声だけが真実ではありません。秘めた恋心、悲しみや苦しみの声、誰かを騙そうとする声。耳を澄まして心の奥の声を聴けば、手を差し伸べることも、警告を鳴らすこともできます。

「虹の橋の番人ヘイムダルは地面の草が生える音、
ヒツジの毛が伸びる音を聞きとる」
ギュルヴィの惑わし 27

仲間を信じる

順風満帆に進んでいるようでも、いつどこに落とし穴があるかわかりません。ピンチになったら、すぐに仲間に知らせなさい。ひとりで何でも解決しようとするのは驕り高ぶる心、不信感の表れです。

仲間を信じる覚悟が必要です。

「どこにいても災いを知ったら大声で知らせよ。敵にゆとりを与えるな」
高き者の言葉127

自分を責めない

「よくやったな」。何かうまくいかなかったとき、自分にそう言葉をかけましょう。精一杯の勇気を称え、できたところを褒めるのです。

自分を責めない、見捨てない。

今日失敗しても、明日から伸びる可能性に目を向けましょう。

「戦場で倒れた英雄はひとり残らずオーディンの戦士となる」
ギュルヴィの惑わし20

145

自分の力を正しく知る

今の自分には何ができて、何ができないか？
正確に知っている人間はどんなピンチにも動じません。
今、いちばん輝ける場所も見つけることができます。

「太陽は知らなかった。どこに自分の館があるのか。
月は知らなかった。己がいかなる力をもつのか。
星たちは知らなかった。己がどこでまたたけばいいのかを」
巫女の予言5

146

世界の仕組みを知る

地球の中で、自分の生きる国がどんな意味をもつのかを知るには、世界の仕組みを理解することが必要です。

目に見えるニュースだけではなく、闇に張り巡らされた現実を知る努力も怠ってはいけません。

「九つの世界、九つの根を大地の下に巡らせた、
名高い世界樹ユグドラシルを私は覚えている」
巫女の予言2

147

見て見ぬふりをしない

見て見ぬふり。上に立つ人間でも、そんな輩《やから》はいるものです。

腹を立てていてもしかたありません。目の前の仕事に集中して完璧にこなす。自分は同僚や部下を放ったらかしにしないと誓う。

日々、心がけていると、リーダーになる「覚悟」が生まれます。

「王よ、あなたの名は世に知られていますが、民衆の指導者とは言いがたい。
人々の屋敷が炎に巻かれているのをそのままにしている。
苦しめられている人々はあなたに何ひとつ、害を与えていないのですよ」
ヒョルヴァルズの子ヘルギの歌 10

148

判断力を養う

世間で評判になっているものを簡単に信じる人は、国家の思惑にも安易に流されてしまう人間になります。
何事も自分で確かめてから判断しましょう。

「飛んでいく槍を、砕ける波を、一夜で張った氷を、
とぐろを巻いた大蛇を、王様の子どもを、誰も信用するな」
高き者の言葉86

149

小さな変化に注意する

トラブルの前には前兆があるはずです。

風邪をひく、電車が遅れる、木が倒れる。ささいな出来事が警告を発していることがあります。

身のまわりの小さな変化に注意を向けていると直感が鋭くなっていきます。その力を「心の声」と呼んでもいいかもしれません。

「いざ出陣というとき、つまずいたら、よくない前兆だ。
敵はおまえが傷つくのを見たがっている」
レギンの歌24

150

ほどほどに賢いのがよい

将来を憂いたり、失敗を忘れられないのはあなたの頭がよすぎるからです。

「あまり賢すぎると、心が晴れることはまれだ」
高き者の言葉55

AUÐUR

富について

151

富は最も移ろいやすい友である

お金はとても大事なものですが、立ち去るときはあらゆるものを奪っていきます。

大切な友―富にどうしたら、ずっとそばにいてもらうことができるのか。それは驕り高ぶることなく、富と、富をもたらしてくれたすべてに感謝することです。

「富は一瞬のまたたきのようなもの、最も移ろいやすい友である」
高き者の言葉78

152

生きてさえいれば

いつか必ず、死が訪れます。
生きているうちに、毎日を楽しみましょう。夢に向かいましょう。愛する人を大切にしましょう。

「生きていて生活を楽しむほうがいい。
生きてさえいればいつでも牝牛が手に入る。
大金持ちの家の前で主人が死んでいるのを見たことがある」
高き者の言葉 70

153

行きあたりばったりの生活をしない

将来のために必要な金額を計算し、蓄えなさい。
どんなに大きな理想を掲げていても、その日に食べるものを心配する毎日では信念を貫くことは難しくなります。

「焚き木と屋根の白樺の皮の量を知っておき、
半年はもつように蓄えておくべきだ」
高き者の言葉60

目先の利益に迷わない

報酬のよい仕事、好条件の引き立て、すばらしい異性との出会いなど、おいしい話には裏切りがあるかもしれません。目先の利益に惑わされていると本質を見失います。

飛びつく前に冷静に考えてみてください。三年後、五年後の自分にとって、本当に必要なのかどうかを。

「悪いことは言わぬ。宝を置いて帰れ。
光り輝く黄金、燃える炎のような赤い宝石、指輪はおまえの命取りになる」
ファーヴニルの歌20

155

出し惜しみしない

多くを稼いだ人間はお金をひとり占めしないで、他人のためにも使いなさい。ただし、お金が何に使われたか、あまり詮索をしないことです。

人のためによかれと思って出したお金が、全く無駄に使われることもよくあります。

「稼いだ金を出し惜しみすべきではない。
多くのことは期待はずれに終わるものだ」
高き者の言葉 40

156

多くの人は稼いだもので愚かになる

財産を手に入れて鼻持ちならない人間になるか、誰かに奪われるのではないかとびくびくするか。

莫大なお金を得ることによって、賢者になれる人はまれです。

「無知な人々は多くの人間がお金によって愚かになるのを知らない」
高き者の言葉75

157

安いものを賢く使う

安く手に入れられるものを買いなさい。磨けば、錆《さ》びた剣も輝き始めます。

「錆びた剣を買え」
高き者の言葉83

158

手に入れたものを離さない

一度手に入れたものは決して手放さないこと。
またすぐ手に入ると思っていても、同じ宝物は二度と巡ってこないことのほうが多いのです。

「冥界の女王ヘルよ、持てるものを手放すな」
ギュルヴィの惑わし 49

159

家族を大切にする

お金儲けのために家族をないがしろにするのはよくありません。私欲を捨てて、愛する人たちと楽しく過ごす時間をもちましょう。

「父の仇を討つよりも黄金に目がくらんでは笑い者になる」
レギンの歌 15

160

わが家を手に入れよう

たとえ小さくても、家では主人になれます。豪邸でなくても、誰かに気を遣うことなく、わが家に住める家族は幸せです。

「家はよいものだ。小さくてもわが家では主人だ。
家畜も蔵もなくても、他人の情にすがって生きるよりはましだ」
高き者の言葉36

161

あの世までは
お金をもっていけない

蓄えた財産をほとんど使わないのは宝のもち腐れです。生きているうちに、たまには自分へのご褒美に使ってもいいではありませんか。

「誰でも運命の日までしか宝物を自由にできない。
いつかはこの世を去らなくてはならない」
ファーヴニルの歌 10

162

お金は人のために動くと入る

富は誰かを喜ばせたことの報酬です。

「幸運の石臼で富を引き出そう。
フロージが黄金の上に座り、羽毛の上で寝て、幸せな気分で目を覚ませるように」
グロッティの歌 5

163

残るのは富の多さではない

生きているうちに何を成し遂げたか、それが大事です。もっと大切なことは、生きている間にどれだけ他人に手を差し伸べ、信頼を得てきたか。

死んだ後に残るのはその人が得た評判。人との心のやりとりの結果なのです。

「財産は滅び、身内の者は死に絶え、自分もやがて死ぬ。
しかし、決して滅びないのが自ら得た勇名である」
高き者の言葉76

KVÖLDVERÐARBOÐ

宴会について

164

空腹で人と会わない

会場には食事をとってから行きましょう。
宴席では同席する人との会話もおいしいごちそうです。
ほどよい質問をして、相手の心に響く返答をする。
次につながる会話は腹が減っていては進みません。

「招待されたら十分に食事をとってから出かけよ。
いかにも腹が減った態度で、きょろきょろとあたりを見回し、
ものを尋ねることもできない」
高き者の言葉33

165

ごちそうに見とれない

おいしそうな料理を前にしたとき、人の話もろくに聞かないで、料理を眺めたり、何かつぶやいたりしていないでしょうか。

大事な商談相手との会食、縁を深めたい相手との食事会など、目の前の料理に夢中になって、話が進まないという状況は避けたいものです。

「愚か者はごちそうに呼ばれると、
口を開けて見とれたり、ぶつぶつ言ったりする」
高き者の言葉 17

166

人の話に耳を傾ける

ここぞとばかりに名刺を配り歩いたり自慢話をする人がいますが、聞き役に徹したほうが聡明な印象です。

何よりも宴席は観察するのにもってこいの場所。ホストと客との上下関係を見極めたり、成功者のものの言い方、立ち居ふるまいを学ぶこともできます。

「食事に招待されたとき、賢い人は沈黙を守る。
人の話に耳を傾け、周囲に気を配る」
高き者の言葉7

167

言わないと決める

言ってはいけないひと言があります。
宴会に行く前に、心に刻んでおけば災厄を免れられます。

「女神を怒らせるとは狂気の沙汰だ。
人間の運命すべてを知り尽くしている者に」
ロキの口論21

168

与える者は幸せだ

あなたを頼ってきた人にはおいしいお茶をいれ、ゆったりとくつろいでもらいましょう。

人に喜ばれることを一生懸命考えてみる時間は心を豊かにします。

「凍える人には火を与えよ。
山を越えてきた人には食べ物と服が必要だ」
高き者の言葉3

169

親切にもてなす

どんな豪華な料理も、心のこもらない言葉でもてなすなら、冷めたステーキを出すようなものです。

「宴会にやって来る人には水とナプキン、
あたたかなもてなし、親切な受け答えが必要だ。
再び歓迎されるように」
高き者の言葉 4

170

お礼はたっぷりと

もらうばかりで返すことをしない人は歓迎されなくなります。食事のお礼にはおいしい肉を倍にして返すくらいの太っ腹で。

相手が喜ぶお礼をするなら、何度でも招待される客でいられるでしょう。

「食事に呼ばれたとき、あまり料理を食べないか、
食べた肉を倍にしてぶら下げるなら、
あちこちの家から招待されるだろう」
高き者の言葉67

171

からまれたら離れる

宴会となると人にからみたがる人間はいるものです。
やっかいな人だと感じたら、早々に離れましょう。

「普段は親切な人でも、宴会ではお互いに探り合う。
客は他の客を相手に喧嘩の種を求めるものだ」
高き者の言葉32

飲みすぎない

ときには手からグラスを放し、お酒を飲みすぎないこと、喋りすぎないこと。飲みすぎたと思ったら、早々に退出しましょう。
あなたが先に帰ったからといって、誰も非難する者はいません。

「杯を手に持ったままでいるな。酒はほどほどに飲め、喋りすぎるな。
おまえが早く床に入っても、誰も不作法だと思う者はいない」
高き者の言葉 19

173

酒に酔って喧嘩しない

古今東西、酒は人の理性を奪うもの、言葉に歯止めが利かなくなるもの。

とくに権力をもつ人に対して喧嘩を吹っかけるなど愚かなことです。心の奥に秘めた恨みつらみは気心の知れた友だちとの宴会で吐き出しておきましょう。

「酒の上での言い争いがなきよう忠告します。
理性を失い、強い戦士と喧嘩すれば禍根を残すのですよ」
シグルドリーヴァの歌 29

174

酒を飲んで反省しない

失敗続きの一日であったとしても、うまくできたことを見つけて楽しく飲みましょう！
反省しても、明日には忘れてしまいますから。

「自分を責めるのはやめなさい。
酒の席での言葉は真実となって返ってくるんだぞ」
ヒョルヴァルズの子ヘルギの歌 33

175

つられて飲まない

宴会場には飲んでも飲んでも酔わない人間もやって来ます。つられて飲んでしまうから、いつも失敗してしまうのです。

「飲みすぎると、誰でも自分の言葉がわからなくなる」
ロキの口論 47

176

ほどほどで帰る

食べたいだけ食べるのはよしなさい。
いつまでも料理のそばをうろうろする様子は、思いのほか他人の心に残るものです。

「ヒツジでも、いつ家に帰るべきかを知っていて、草地を離れる。
愚か者は自分の腹の限度を知らない」
高き者の言葉21

ÁST

愛について

177

恋は賢い人も愚かにする

恋に夢中になっているからといって、友をとがめても
どうにもなりません。

「馬鹿げたことには手を出さない賢い男でも、
欲望をそそる美人にはほろりと虜になる」
高き者の言葉93

178

ひとりを愛し抜く

聡明な女性は運命の男ひとりを愛し続けます。あの人もこの人もと目移りするようなことはありません。

「女は軽々しく、他の男に添うべきではない」
シグルズの短い歌41

179

運命の人がいる

女性が今までになく美しく輝き、心から幸せになれるのは、運命の男と出会ったときだけです。

「若者よ。運命の女神の定めによって、
シグルドリーヴァを眠りから覚ますのはあなただけです」
ファーヴニルの歌 44

180

理想像をかためすぎない

理想の相手を思い描くのはよいことですが、自分が考えていた恋人とは違うことのほうが多い。

一生をともにしたい相手とは思いがけず出会うものです。

「私は誓って、恐れを知らない男としか添い遂げません」
シグルドリーヴァの歌 4

181

喜ばれる約束をする

彼女（彼）が幸せを感じるのはどんなこと？ 欲しいものは何？ 考えていると、あなたも楽しくなってきます。人を喜ばせようという気持ちは愛を深めますし、何よりあなたの人間としての魅力を高めます。

「いい女と楽しく過ごしたいなら、いいことを約束して、それを守れ。
いいことをしてもらって不愉快な者はいないから」
高き者の言葉 130

182

ひと夜のあやまちが命取り

誘惑に負けないでください。

「夜の闇が迫るとき、ひと夜の宿に困っても、
悪女の家からは立ち去るほうが賢い選択です」
シグルドリーヴァの歌 26

183

言葉を信用しない

昨日、あなたに囁いた言葉と、今日は正反対のことを言う。

女性の言葉をまるごと信じないほうが身のためです。

「女の言葉を信用するな。
彼女たちの心は回転する輪のようなもので、
移り気が胸にすくっている」
高き者の言葉84

184

口先に騙されない

下心をもちながら、誠実な言葉を囁きかける。
男の言葉に慎重になってください。

「男の心は移り気なものだ。
不実な心を抱きながら、我々は口先ではいいことを言う。
それで賢い女性も騙される」
高き者の言葉 91

185

女性の美しさを褒める

お世辞を言う者は万事うまくいきます。

「女性の愛を得ようとするなら、きれいごとを言って贈り物をし、
美しさを褒めなさい。お世辞を言う者は首尾よくいく」
高き者の言葉 92

186

他人の女を誘惑しない

恐ろしい争いが巻き起こる原因を自らつくってはいけません。

「あなたが悪事をしないように忠告します。
不倫から遠ざかるように。
他人の娘も妻も情事に誘ってはなりません」
シグルドリーヴァの歌 32

187

誤解を招くことをしない

愛の破局とは、誤解と嫉妬の積み重ね。
いつまでもふたりで幸せに暮らしたいなら、決して、彼女が不安に感じることをしないように。

「気高い花嫁はどうしようもない悲しみからよくないことを企む。
おまえが何も悪いことをしていないのに、彼女は策を弄するのだ」
グリーピルの予言 49

188

恋に溺れないで仕事をする

恋に夢中になって、大事な仕事を失ってはしかたありません。

優秀な人間は恋の炎を成功へのバネにするのです。

「恋に溺れて、名剣を手放したことが命取りとなる」
ギュルヴィの惑わし51

189

好条件を断る強さをもつ

どんなに立派な男性でも、あなたの心が打ちふるえないなら、結婚すべきではありません。

「黄金の林檎は受け取りません。
私の命のある限り、豊穣の神フレイと添い遂げることはありませぬ」
スキールニルの旅20

190

会えない時間に愛が育つ

ふたり一緒にいるときよりも、離れているときに愛しさがこみあげてくる。
ひとりの時間に待てば待つほど、どうしようもなく愛は深まるのです。

「一夜は長い。二夜はもっと長い。三夜をどう耐えようか」
スキールニルの旅 42

191

自分だけは味方でいる

恋人が汚名を着せられたとき、信じ続ける女性でいられるでしょうか。

「おまえが不幸を望んでも、
私、フレイヤは彼のために勝利の酒を注ぎます。
神々のご加護を望みます」
ヒュンドラの歌 50

192

愛は永遠に続く

運命のふたりは生まれ変わっても再び出会えます。この世で添い遂げられないことを嘆くよりも、来世で出会うために魅力を高めましょう。

「勇者ヘルギと恋人のヴァルキューレは生まれ変わった。
来世でもふたりは恋に落ちる」
フンディング殺しのヘルギの歌II 51

193

純潔を守る

あとで後悔するようなひと夜を過ごさないことです。

「あんなことなければよかったのに。
ああ、でも私、あの人に抵抗することができなかったの！」
ヴェルンドの歌 41

194

束縛しない

恋の初め、彼女はあなたの思いどおりになるかもしれません。しかし、やりたいことができない状況が続くと、いてもたってもいられなくなり、あなたのもとから逃げ出したくなります。

「ヴァルキューレは輝く腕で男を抱いた。
七年間、男のもとにとどまったが、八年経つと戦場が恋しくなり、
九年目には男に別れを告げ、白鳥の羽衣をまとって、
どこかへ飛んで行ってしまった」
ヴェルンドの歌3

195

自分勝手はほどほどに

どんなに愛し合ったふたりでも、あなたがわがまま放題にふるまえば、相手の心は離れていきます。
あとでどんなに後悔しても、泣きわめいても、愛する人はもう帰ってきません。

「フレイヤは最も美しい女神だが、夫オーズは長い旅に出てしまった。
女神は彼を慕って泣きながら世界中を探し回った。
彼女の流した涙は赤い黄金へと変わった」
ギュルヴィの惑わし35

196

戻らないほうが幸せ

どんなに美しい宝石を用意して待っていても、女心を変えることはできません。
どんなに素敵な贈り物を用意してくれていても、男のもとに戻ってはいけません。
愛が終われば、縁は切れたほうがいいのです。

「鍛冶屋ヴェルンドは家にとどまり、
愛しい妻が自分のもとに戻ってくるのを待った。
彼女のために宝石をちりばめた腕輪を日々鍛えながら」
ヴェルンドの歌5

197

愛するなら決して別れない

運命の男と女が幸福になれるとは限りません。しかし、あなたが愛しているのなら離れてはいけません。

何があっても、相手に邪険にされても、ずっとそばにいるべきです。

「男と女はこれから苦悩を背負って生きていくことになるでしょう。
それでも私はシグルズとは決して別れないと誓います」
ブリュンヒルド冥府への旅 14

ÖRLÖG

運命について

198

必要なときに、運命と出会う

人生において必要なときに、必要な人間と出会う。

準備ができたときに、チャンスは訪れる。

ほんの小さな偶然に意義を見いだし、すぐに動ける人間は、運命を大きく拓いていけます。


「ある場所へは早く着きすぎ、他の場所には遅く着きすぎた。

ビールは飲まれた後か、まだつくられていなかった。

歓迎されない者はちょうどよい時間に着けない」

高き者の言葉66

199

幸せに焦点を合わせる

運命は、自分がどこに焦点を合わせるかで変わってきます。今、恵まれているものに目を向けるのか、それとも、足りないものを見続けるのか。

幸せはいたるところに転がっています。

「すべてにおいてみじめだという人はいない。
ある者はわが子ゆえに、ある者は家族ゆえに、
ある者は富ゆえに、ある者は仕事ゆえに幸せだ」
高き者の言葉69

200

未来を決めるのは自分

成功も失敗も過ぎたこと。過去のあなたはもういません。突き動かされるままに、自分が歩きたいほうへ進んでいきましょう。

大逆転。今からでも遅くはありません。

「万物の神がオオカミと出会った後のことを今、見通せる者はいない」
ヒュンドラの歌 44

死ぬまで楽しく生きよう

生き生きと、明るく、勇ましく。
誰もがそんな気分でいられるように、導く人間でいましょう。

「上に立つ者は無口で思慮深く、いざ戦うときは勇敢であれ。
人は誰でも死ぬまで明るく楽しくいるべきだ」
高き者の言葉15

授かった命を大切にする

人間は神から命を授かりました。そのとき一緒に与えられたのは、知恵を得る力、動く力、言葉を語る力、見る力、聴く力……。

この世で生かすも殺すもあなた次第です。

「ボルの息子たちが海岸で二本の木切れを見つけ、そこから人間をつくった。
最初の神が命と息を与え、二番目の神が知恵と動きとを与え、
三番目の神が顔と言葉と目と耳とを与えた。
男はアスク、女はエムブラと名づけられ、人類最初の男女となった」
ギュルヴィの惑わし9

203

宿命には逆らえない

生まれる前、人間は寿命と人生とを決めてもらうために、運命の女神のもとを訪れます。
あなたは毎日、自分の意思で懸命に生きているように思っていますが、定めのままに歩いているだけなのかもしれません。

「運命の三人の女神が人間の子どもたちの
寿命を定め、人生を決め、運命を告げる」
巫女の予言20

204

人生に喜びを見つける

天から与えられた人生の途上で、どれだけ喜びを見つけ、自分の花を咲かせていくか。自ら幸せをつくり出していくか。

その選択に、あなたならではの生き方が表れ、かけがえのない一生となるのです。

「運命の女神たちは不公平だ。
よいノルンは豪華な生活や長寿の運命を下すが、
悪いノルンはよくない生活や短命を告げる」
ギュルヴィの惑わし15

205

誰も老いには勝てない

どんなに屈強な肉体の持ち主でも老いれば足腰が弱くなる。これは人間の宿命です。

いつまでも現役でいたいなら、力みを抜いて、自然な体の動きにまかせると、楽に行動できる自分に気づきます。

老いとは動けなくなることではなく、新しい体の知恵を手に入れることなのです。

「雷神トールは老婆とすもうをとった。
争えば争うほど老婆は岩石のごとく強くなり、おまえはついに片膝をついた。
じつはあの老婆の正体は老化だったのだよ。老いには誰も勝てないのさ」
ギュルヴィの惑わし 47

206

いつ死が訪れるかわからない

今、一瞬を生きなさい。自分のために。

「港を前にして死ぬこともあるし、嵐の中を漕いで溺れることもある。
死ぬ運命の者にとってはどこでも危険だ」
ファーヴニルの歌 11

皆に愛されているか

自分が死んだとき、どれだけの人が涙を流してくれるでしょうか。

「バルドルが皆に愛されているかどうか、確かめようぞ。
もしも世界中の者が、生きている者も死んでいる者も彼のために泣くなら、
冥界から神々の国へ戻そう」
ギュルヴィの惑わし 49

208

死者に敬意を

いつの日か皆、大地に還っていきます。
出会った人の誰ひとり欠けても、今のあなたは存在しない。
旅立つ人に感謝し、誠意を尽くして見送りましょう。

「棺におさめる前には体を清め、髪をとかしてあげなさい。
心地よく往生できるように祈りなさい」
シグルドリーヴァの歌 34

生き続ける

先にこの世を去った人々の代わりに、今、ここにいる人間が生き続けることが大事です。

「もうたくさんの人が死にました。
私たちは生きていきたいと思います」
シグルズの短い歌 50

210

明日は輝く

苦難の戦いを乗り越えてきた人間にとって、未来はいつも輝いていています。まわりには誠実な人々が集まり、心穏やかに生きる幸せを手に入れているはずです。

これから先、何が起ころうと、あなたはもう安心です。

「ギムレーに太陽よりも美しく輝く黄金の宮殿が聳え立つ。
そこには誠実な人々が住み、永遠に幸福な生活を送るだろう」
巫女の予言64

211

すべてが関わり合っている

あなたのほんの小さな行動が他人の人生を大きく変えることがあります。その人間をめぐるすべての人々、子ども、孫、子々孫々まで影響を及ぼしていくでしょう。

人間は皆、時代を超えて、関わり合って生きているからです。

「アンドヴァリの指輪が二人の兄弟の死となり、
八人の王の不和の種になる」
レギンの歌5

212

罪を犯さない

この世で罪を犯した人間は毒の川を渡ります。その川を渡ることになるのか、ならないのか。
あなた自身が決めることです。

「死の国にあるのは重く流れる毒の川。
人殺し、嘘つき、人妻を誘惑した者が渡っていくのを私は見た。
飛竜ニーズヘグはこの世を去った者たちの血をすする。
オオカミは男たちを引き裂く」
巫女の予言39

213

暗闇のとき、どう生きるか

「人生お先真っ暗」と途方に暮れるときでも、一条の光を目指して生きてください。暗い森に生まれた幼木が木漏れ日のほうへ枝を伸ばすごとく。

心が明るくなるほうへ、愛する人がいるほうへ。

「東の方の鉄の森に棲む老婆がフェンリルの一族を産む。
その子らの中で恐ろしい姿をした者が太陽を飲みこむだろう」
巫女の予言40

214

なんとしても生き延びる

人生の最期を覚悟したとき、人は強くなれます。
あきらめないでください。
あなたは何度でも生まれ変われるのです。

「世界滅亡の後、ひと組の男女がホッドミミルの森に身を隠し、
朝露を舐めて生きていた。
この二人から人間の子孫が生まれる」
ヴァフズルーズニルの歌 45

215

誰も自分の運命を知らない

これから何が起きるのか誰にもわかりません。だから、何も心配なく、穏やかな心でいられます。

もう未来についてあれこれ悩むのはやめましょう。


「誰も自分の運命を知りはしない。ゆえに何も心配なく、平穏な心でいられる」

高き者の言葉56

216

陽はまた昇る

夜、漆黒の闇はやがて朝陽に照らされるように、絶望の後には必ず希望の日々が訪れます。

「万物の父オーディンはノート（夜）とダグ（昼）を召し抱え、
一日に二度、大地の周りをまわるよう天に置いた」
ギュルヴィの惑わし 10

217

魂は永遠

人間は滅びることはありません。
魂は生き続け、あなたがこの世で成し遂げたことは来世に引き継がれてゆくのです。

「神が人間に為した最も偉大なことは魂を与えたことである。
肉体が腐って土になっても、焼けて灰になっても、
人間は生き続け、決して滅びることはない」
ギュルヴィの惑わし3

218

無から有を生み出す

遠い昔、この世は無。

人間も同じです。生まれる前、あなたは存在しなかった。そして今、あなたはここで生きています。

夢もまた、無から始まります。漠然とした希望は形になるまで時間はかかりますが、いつか必ず、無は有と転ずるでしょう。心の中に、未知なる宇宙を広げ続ける限り。


「太古には、砂もなければ海もなく、冷たい波もなかった。

大地もなければ、空もなかった」

巫女の予言3

219

運命に立ち向かえ

行く手に何が待ち受けていようとも、前進していく人間でありなさい。
自分自身に誇りをもち、挑戦し続ける姿は美しい。

「死を逃れられぬ運命とわかっていても、私は逃げることなどしない。
臆病者に生まれついてはいない」
シグルドリーヴァの歌 21

北欧神話　解説

「北欧神話」とは、約二千年前から、スウェーデン、ノルウェー、デンマークなどスカンジナビア半島で崇拝されていた神々を主人公とする神話群のことです。

物語は何もないところから始まり、天地創造、最終戦争ラグナロク、世界滅亡へ、そして再生までが描かれています。その中で、最高神オーディン、雷神トール、女神フレイヤなどの神々と英雄たちが冒険や騙し合い、恋のバトルを繰り広げていきます。根幹には自然信仰があり、世界は大きなトネリコの木―世界樹ユグドラシル―によって支えられているという宇宙観、人間の男女は二本の木片から神々がつくったことなど、深い森が広がる北欧で生まれた神話であることを感じさせます。

〝北欧〟と言っても、フィンランドは入りません。この国の人々はゲルマン民族の三国とは民族が異なり、独自の神話「カレワラ」をもっています。では、北欧神話＝ゲルマン神話かというとそれもちょっと違います。ドイツやイギリスなど他のゲルマン諸国ではキリスト教の影響で伝承が途絶え、独自の神話はほとんど姿を消してしまいました。妖精やトロールの民話、騎士道物語などにその面影を残すばかりですが、日本でもなじみ深いグリム童話にも北欧神話の影響がみられます。

こうした歴史の流れの中で、今に残る北欧神話は、キリスト教化される以前、一世紀前後から約一千年の歳月をかけて、北欧の文化や風習、原始宗教などが神話という形に集約されていったものと考えられています。

長い間、口承で伝えられてきた北欧神話を私たちが読むことができるのは、十二〜十三世紀頃からアイスランドで文字に記録されるようになり、書物『詩のエッダ』と『スノリのエッダ』にまとめられたからです。日本人にとっての『古事記』や『日本書紀』と言ってもいいでしょうか。

『詩のエッダ』は、九〜十三世紀頃につくられた詩の形式をとった神話を集めた詩集で、『古エッダ』とも呼ばれます。古代北欧の神々の神話詩、格言詩、英雄詩から成ります。一六四三年、羊皮紙に記された写本が（Codex Regius 王の写本）アイスランド南部の町スカールホルトで発見されました。神話を現代に伝える貴重な資料ですが、正確な成立年代や作者はわかっていません。

『スノリのエッダ』は一二二〇年頃、歴史家で政治家、詩人のスノリ・ストゥルルソン（一一七八―一二四一）が詩の入門書として著した書物で、『新エッダ』とも呼ばれます。その中におさめられた「ギュルヴィの惑わし」は、ストーリー・テラーとして優れた書き手であったスノリによって、北欧神話のダイジェスト版と言ってもいい楽しい読み物となっています。

本書では、この二冊の『エッダ』にちりばめられた、神々の格言や処世訓、英雄たちの台詞などから、「現代を生き抜く知恵」として言葉を抜粋しました。古アイスランド語で書かれた言葉をわかりやすく読んでいただくために、少しかみくだいて紹介しています。

言葉の数々はいたって現実的かつ実践的です。そこには北欧の過酷な自然が反映されています。氷に閉ざされた冬は長く、太陽の光を浴びる時間は短い。神々が敵対する巨人は氷や雪、嵐など自然の擬人化といわれています。厳しい生活環境の中で育まれた「自力の精神」が北欧神話の言葉には宿っているのです。

勝利、成功、財産、友情、恋の成就、宴会マナーまで、約一千年以上前の言葉とは思えないほど、現在の日本でも十分通用するものだと感じられるでしょう。

言葉の一つ一つがあなたへのエールです。

自分を信じる。それができれば、人生は孤独な戦いではなくなるのです。

［物語］

北欧神話には神々の神話と英雄伝説、大きく二つの物語群があります。

神々の神話―最高神オーディンを中心とする神族、巨人族、人間族の神話。天地創造から最終戦争ラグナロク、世界滅亡へといたるまで、神様vs.巨人という対立の構図で展開されます。神々の性格描写や事件の多彩さが魅力です。終末へと導かれながらも、神々は毎日を楽しみ、恋を謳歌し、欲しいものは次々手に入れ、前向きに生きていく。どんな状況でも運命に立ち向かう力強い精神が格言や台詞に表れています。

英雄伝説―英雄を主人公にした人間族の物語。悲恋、戦争、復讐など、終始悲劇的な予感が漂います。中世ドイツの叙事詩『ニーベルンゲンの歌』の原典とされるシグルズ（ジークフリード）の竜退治伝説、北欧の羽衣伝説といえる鍛冶屋ヴェルンドの復讐物語などが『詩のエッダ』に書かれています。

［主要な登場人物］

神族

オーディン……北欧神話の最高神。万物の父。知識と戦いの神。ヴァルハラに戦死者を集める。

トール……雷神。一撃必殺の武器、槌ミョルニルで名だたる巨人に打ち勝つ最強の神。

テュール……軍神。法廷の守護神。賢く、人間に勝利をもたらす。太古には主神に近い存在。

バルドル……美しく光り輝く神。オーディンの息子。ロキの姦計《かんけい》で冥界へ行くが、世界滅亡の後に復活。

ヘイムダル……虹の橋ビフレストの番人。角笛で最終戦争ラグナロクを告げる神。優れた聴力と視力をもつ。

ヴァルキューレ……女性戦士。オーディンの命により、戦場で勇士の運命を決める。英雄の恋人になることも多い。

ノルン……運命の三女神。人間の寿命と人生を定める。ウルズの泉のほとりに住み、毎日、世界樹に水をまく。

フレイ……富と豊穣の神。家庭の幸せを司る夫婦愛の象徴。人間に平和と快楽を贈る。

フレイヤ……愛と豊穣の女神。恋の成就を約束する。美貌と色気で欲しいものを手に入れる。

スキールニル……フレイの従者。恋の橋渡し役。脅し文句に長けている。

巨人族

ユミル……原初の巨人。オーディン兄弟に殺され、肉体のすべてが天地創造の材料にされる。

ロキ……いたずら好きの神。やがて世界の終末を引き起こす邪悪な神へと変貌する。

ヨルムンガンド……ロキの息子（兄）。トールと死闘を繰り広げる大蛇。

フェンリル……ロキの息子（弟）。最終戦争でオーディンを飲み込む巨大なオオカミ。

ヘル……ロキの娘。冥界の女王。病気や老衰で死んだ者を迎え入れる。

ヴァフズルーズニル……博識の巨人。オーディンと知恵比べをする。

スルト……火の国の巨人。世界の終わりに訪れ、すべてを焼き尽くし、滅亡に導く。

人間族

シグルズ……竜退治の英雄。ドイツ語でジークフリード。『ニーベルンゲンの歌』の主人公。

ファーヴニル……黄金に目がくらみ竜と化した男。シグルズが退治する。

ブリュンヒルド……英雄シグルズに愛を誓う女性。叶わぬ恋に身を焦がし、悲劇の連鎖を生む。

グズルーン……シグルズの正妻。夫を殺され、復讐の鬼と化す王女。

ヘルギ……輪廻転生して、愛する女性と三度恋に落ちる王子。

ヴェルンド……優れた鍛冶師。ヴァルキューレを妻にした。北欧の羽衣伝説の主人公。

［本書で紹介する主な格言詩、英雄詩］

「高き者の言葉」……高き者とはオーディンのこと。いかに自分を信じ続けるか？日常生活の知恵から成功をつかむ心得までを最高神が指南する実践的な処世訓。

「巫女の予言」……原初の巨人ユミル誕生、天地創造、最終戦争、滅亡までを巫女が語る詩歌。世界再生の様子は予言詩とも思える。

「シグルドリーヴァの歌」……女性戦士ヴァルキューレが英雄シグルズに生きる知恵を授ける忠告集。女神から運命の男への力強いメッセージとなっている。

「ファーヴニルの歌」……竜退治をしたシグルズと瀕死の竜との問答。J・R・R・トールキンの『指輪物語』『ホビット』に登場する竜のモデルとされるファーヴニルの名言。以上、『詩のエッダ』所収。

「ギュルヴィの惑わし」……天地創造から滅亡までが物語化され、北欧神話の流れがよくわかる。スウェーデン王ギュルヴィが神々に問いかける形で話は進む。『スノリのエッダ』所収。

この他、「バルドルの夢」「ロキの口論」「スキールニルの旅」「シグルズの短い歌」などの神話詩、英雄詩から言葉を取り上げました。

［北欧神話の影響を受けた作品］

J・R・R・トールキンの『指輪物語』『ホビット』、作曲家ワーグナーのオペラ『ニーベルングの指環』、石ノ森章太郎の漫画『サイボーグ００９ エッダ（北欧神話）編』、諫山創の漫画『進撃の巨人』、車田正美原作のアニメ『聖闘士星矢　アスガルド編』、ゲーム『ラグナロクオンライン』『斬撃のREGINLEIV』、映画『ラグナロク　オーディン神話伝説』（２０１３／ノルウェー）、『マイティ・ソー』（２０１１／米）、『ヴァルハラ・ライジング』（２００９／デンマーク・独）、スウェーデンの画家カール・ラーションの絵画『冬至の生贄』など多数。

超訳は『EDDA/Die Lieder des Codex Regius』Hans Kuhn（Heidelberg 1962,Carl Winter, Universitätsverlag）を底本とし、次の文献を参考にしました。

『エッダ―古代北欧歌謡集』谷口幸男訳（新潮社）
『北欧神話』菅原邦城著（東京書籍）
『巫女の予言　エッダ詩校訂本』シーグルズル・ノルダル著、菅原邦城訳（東海大学出版会）
『北欧神話・宇宙論の基礎構造』尾崎和彦著（白凰社）
『古アイスランド語入門』下宮忠雄・金子貞雄著（大学書林）

［参考文献］

『ヴァイキングの知恵』谷口幸男訳（GUÐRÚN）
『古代北欧の宗教と神話』フォルケ・ストレム著、菅原邦城訳（人文書院）
『一冊でまるごとわかる北欧神話』吉田敦彦著（大和書房）
『図解北欧神話』池上良太著（新紀元社）
『ユリイカ　特集北欧神話』１９８０年3月号（青土社）
『ユリイカ　特集北欧神話の世界』２００７年10月号（青土社）
「北欧神話の神々事典」http://www.asahi-net.or.jp/~aw2t-itu/onmyth/aesirframe.htm

[執筆協力]
ハンネス・ヘイミソン
駐日アイスランド大使館 大使

林 邦彦
尚美学園大学講師

[編訳]
杉原梨江子
文筆家。広島県生まれ。日本の木の文化、世界の木にまつわる伝承や神話、思想を中心に、人間と植物との交流の歴史について研究。北欧神話の世界樹崇拝に精通するため、現代・古代アイスランド語、スウェーデン語を学ぶ。古代北欧のルーン文字勉強会「ルーン塾」主宰。現在、国内外の巨樹、ご神木、被爆樹(Atomic bombed Trees)への取材撮影の旅を続けながら、執筆、講演等を行っている。日本文藝家協会会員。
著書に『いちばんわかりやすい北欧神話』『古代北欧ルーン占い』『古代ケルト　聖なる樹の教え』『被爆樹巡礼　原爆から蘇ったヒロシマの木と証言者の記憶』(以上実業之日本社)、『ゲーム制作者のための北欧神話事典』(監修 翔泳社)、『聖樹巡礼』(PHP研究所)等。

杉原梨江子公式サイト
http://rieko-sugihara.com

メルマガfoomii「杉原梨江子の聖樹巡礼 巨樹が語る、森の知恵」
http://foomii.com/00086

facebookページ「北欧Rune Library」
https://www.facebook.com/NordicRuneLibrary

ブックデザイン　水戸部 功

自分を信じる

超訳「北欧神話」の言葉

2016年6月10日　第1刷発行

編訳者　杉原梨江子

発行者　見城 徹

発行所　株式会社 幻冬舎

〒151-0051 東京都渋谷区千駄ヶ谷4-9-7
電話 03(5411)6211(編集)
　　 03(5411)6222(営業)
振替 00120-8-767643

印刷・製本所　中央精版印刷株式会社

検印廃止

万一、落丁乱丁のある場合は送料小社負担でお取替致します。
小社宛にお送り下さい。

定価はカバーに表示してあります。

Printed in Japan
ISBN978-4-344-02958-3 C0095
幻冬舎ホームページアドレス http://www.gentosha.co.jp/

この本に関するご意見・ご感想をメールでお寄せいただく場合は、
comment@gentosha.co.jpまで。